品德學習系列

樂於助人的小刺蝟

葛翠琳　著

張蔚昕　圖

新雅文化事業有限公司
www.sunya.com.hk

品德學習 系列

《品德學習系列》系列故事感人，含豐富的寓意，可培養孩子有耐性、勇敢、有愛心、樂於助人、勇於學習和學會分享的良好品德，適合親子共讀。

當爸媽跟孩子閱讀《樂於助人的小刺蝟》後，可請孩子運用以下表格來給自己評分，以鼓勵孩子自我反思，促進個人成長。

我能做到：	我給自己的評分	爸爸媽媽的評分
樂於幫忙做家務	👍👍👍👍👍	👍👍👍👍👍
樂於幫忙維持秩序	👍👍👍👍👍	👍👍👍👍👍
樂於幫助有需要的人	👍👍👍👍👍	👍👍👍👍👍
樂於幫忙照顧幼小的人	👍👍👍👍👍	👍👍👍👍👍

本系列屬新雅點讀樂園產品之一，備有點讀和錄音功能，家長可另購新雅點讀筆使用，讓孩子聆聽粵普雙語的故事，更可錄下自己或孩子的聲音來說故事，增添親子共讀的趣味！

想了解更多新雅的點讀產品，請瀏覽新雅網頁(www.sunya.com.hk) 或掃描右邊的QR code進入

如何配合新雅點讀筆閱讀本故事書？

• 啟動點讀筆後，請點選封面，然後點選書本上的故事文字或說話的人物，點讀筆便會播放相應的內容。如想切換播放的語言，請點選各內頁上的 粵 普 圖示，當再次點選內頁時，點讀筆便會使用所選的語言播放點選的內容。

• 如想播放整個故事，可用點讀筆點選**以下圖示**來操作：

如何製作**獨一無二**的點讀故事書？

爸媽和孩子可以各自點選以下圖示，錄下自己的聲音來說故事啊！

1️⃣ 先點選圖示上**爸媽錄音** 或 孩子錄音 的位置，再點 OK，便可錄音。

2️⃣ 完成錄音後，請再次點選 OK，停止錄音。

3️⃣ 最後點選 ▶ 的位置，便可播放錄音了！

4️⃣ 如想再次錄音，請重複以上步驟。注意每次只保留最後一次的錄音。

序

在競爭劇烈的社會裏，「贏在起跑線」的概念似已深植家長心中，可是現時幼童的學術培育往往遠超品德培育。市面上充斥着各式各樣甚具系統和規模的學術課程，惟品德教育欠缺有系統的教材及課程，家長想為幼童進行品德教育也常感到無從入手。幼童的理性分析能力及同理心需要經驗的累積，以及要成人在旁輔導及分析，協助幼童代入不同角色，並以不同立場分析事情。現今的幼童大多是家中獨子／女，學校又花大部分時間教導學術知識，家庭和學校這兩個幼童主要的生活圈均未有提供足夠機會，讓幼童學習及練習身分互換、體會他人的需要。幼童本身以自我為中心，能處處為他人設想除了是一種進階的思維能力發展外，更是一種生活習慣和態度，需要多練習至習以為常。

現今社會物質豐富，要讓幼童體會「無形」的快樂泉源：分享、承擔、互助及珍惜，很多時候需要家長特意製造相關機會或隨機教導幼童享受與他人共處及合作的過程。本系列圖書通過豐富的故事情節讓幼童代入不同的角色，了解不同角色對不同事物的詮釋、感受及責任，為孩子提供在羣體生活中所需的正向品德教育。

嚴沛瑜 博士
英國心理學會註冊心理學家

小刺蝟為森林晚會做了很多的好事，
最後他當上森林晚會的主持人了嗎？

燦爛的陽光，飄盪的白雲，天空真美呀！但小燕子無心在空中逗留，她帶着一份緊急通知，飛過高山密林、河邊湖畔，去讓喇叭花做好準備，第二天清晨廣播重要新聞，要讓所有的動物注意收聽。

鸚鵡正在枝頭練習朗誦，聽見這消息，熱情地說：「小燕子，你辛苦了。我去通知森林裏的伙伴，明晨早點兒集合收聽廣播。」說完，他展開翅膀飛走了。

小鹿聽到這消息也高興地說：「我去通知深山裏的伙伴，明早收聽喇叭花廣播。」

　　小鹿馬不停蹄地奔跑着，越過了深谷，翻過了險峯，尋遍了洞穴，向大家一一發出通知。忽然，他的腳上扎進了一根竹刺，小鹿痛得直流眼淚。

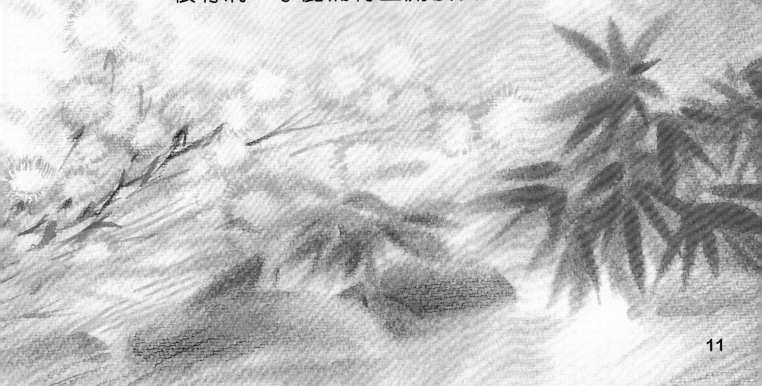

11

小刺蝟跑過來，帶着小鹿去找螃蟹姐姐，請她把小鹿腳上的竹刺拔出來。

螃蟹姐姐正吐着泡沫漱口呢，看到小刺蝟他們，連忙擦淨了嘴，伸出大夾子來給小鹿拔刺。

拔呀拔，可是那根尖尖的竹刺怎麼也拔不出來。

13

14

螃蟹姐姐只好請來烏龜哥哥給小鹿拔刺。烏龜哥哥伸長了脖子，用牙齒緊緊咬住竹刺，一下子就拔了出來。

小鹿的腳上流出了好多血，染紅了碧綠的草叢。小刺蝟心疼地說：「我送你回家去休息吧！」

xiǎo lù yáo yao tóu　shuō　　bù　wǒ hái
小鹿搖搖頭，說：「不！我還

yào gǎn lù ne　hǎo ràng míng tiān dà jiā dōu néng tīng dào
要趕路呢，好讓明天大家都能聽到

hǎo xiāo xi
好消息。」

18

^{páng xiè jiě jie shuō}
螃蟹姐姐說：「我幫你去通知河裏的伙伴。」

^{wū guī gē ge shuō}
烏龜哥哥說：「我幫你去通知湖裏的朋友們。」

^{xiǎo cì wei shuō}
小刺蝟說：「我幫你去通知小兔和小松鼠。」

^{xiǎo lù bú pà jiǎo tòng}
小鹿不怕腳痛，堅持着向山上跑去了。

19

到了下午，深山、密林、湖面、河底裏的動物都得到了消息，只剩下空中的雄鷹還沒有接到通知。怎麽辦呢？大雁拍拍翅膀，飛上天去送信了。

dì èr tiān lí míng　　gè chù de lǎ ba huā dōu kāi fàng le
第二天黎明，各處的喇叭花都開放了。

zhuó mù niǎo qiāo xiǎng shù gàn huàn xǐng dà jiā
啄木烏敲響樹幹喚醒大家。

kǒng què dǎ bàn de duān zhuāng yòu piào liang
孔雀打扮得端莊又漂亮。

xiān hè 　　lù sī 　　yě tiān é 　　dà yàn hěn zǎo jiù lái dào hú biān
仙鶴、鷺鷥、野天鵝、大雁很早就來到湖邊，

jù jí zài lǎ ba huā páng biān　　děng zhe tīng guǎng bō
聚集在喇叭花旁邊，等着聽廣播。

xióng yīng zài kōng zhōng pán xuán le yí zhèn　　yě tíng luò zài shān yá shang
雄鷹在空中盤旋了一陣，也停落在山崖上。

烏龜爬上了河岸，蝦和蟹不住嘴地打聽：「會廣播什麼好消息呢？」金鯉魚游來游去，希望第一個聽到好消息。大象領着小象早就站在了山坡上。熊貓、袋鼠、猴子、羚羊、長頸鹿也都帶着自己的孩子，來到喇叭花跟前等待重要廣播。

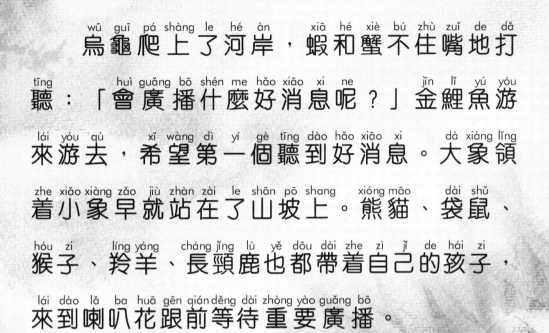

駱駝匆忙趕來，向大家
深深地鞠了一躬，抱歉地說：
「對不起，我遲到了！」大家
溫和地說：「廣播還沒開始
呢，不用着急。你長途跋涉
趕到這兒，真不容易呀！」

當美麗的朝霞托起一輪紅日，鸚鵡
彈落喇叭花上晶瑩的露珠後，喇叭花立
刻激動地用清脆悅耳的聲音向大家廣
播：「這裏成為自然保護區了。從今以
後，大家可以過幸福安寧的生活！」

好消息震撼着深山和大地，動物們歡呼跳躍。小草點頭，花兒微笑，樹梢兒揮舞着手，一片歡樂氣象。

大家一起商量着：怎樣才能使自己的家園更美麗、更富足？大象發言了：「今天是我們大家的節日，我們要開一個森林晚會來慶祝。讓我們一起來推選一位樂於助人的朋友，成為森林晚會的主持人。」

粵 粵語 普 普通話

dà jiā yí zhì tuī xuǎn xiǎo lù wéi sēn lín wǎn huì de zhǔ chí
大家一致推選小鹿為森林晚會的主持

rén yīn wèi tā wèi dà jiā zuò de hǎo shì zuì duō
人，因為他為大家做的好事最多。

xiǎo lù què shuō xiǎo cì wei zuò de hǎo shì yě hěn
小鹿卻說：「小刺蝟做的好事也很

duō yīng gāi xuǎn tā dān rèn sēn lín wǎn huì de zhǔ chí rén
多，應該選他擔任森林晚會的主持人。」

小刺蝟說：「我還要去完成一項特別的工作。待我回來再和大家一起慶祝吧。」說完，他全身捲成一個圓球滾下山去了。大家熱烈地拍手，一致推選小鹿為晚會主持人。

35

慶祝晚會開始了。畫眉、黃鶯
等鳥兒表演了唱歌。仙鶴、孔雀、
野天鵝等許多飛禽表演了舞蹈。河
裏的伙伴們表演了游泳和跳水。

晚會結束時，一個圓球滾了過來，原來
是小刺蝟。他背來了許多果子，分給大家種
在山上。大家激動得一齊唱起來：「為了我
們美麗的家園……」喇叭花把泉水伴奏的美
妙歌聲，傳送到很遠很遠的地方。

粵語　普通話

小朋友，如果由你來選，
你會選誰做主持人呢？說說你的理由。